AF321457

SECONDE

LETTRE de M. BERTRAND DE MOLEVILLE, *ci-devant Ministre de la Marine, au Président de la Convention Nationale de France.*

Londres, le 16 Novembre, 1792.

MONSIEUR LE PRÉSIDENT,

J'AI eu l'honneur de vous annoncer par ma dernière lettre, que je vous adresserois incessamment une déclaration exacte de tous les faits importants et ignorés dont j'ai connoissance et qui ont quelque rapport aux circonstances présentes. Je me hâte d'autant plus de remplir cet engagement, que j'apprends par les papiers publics que la discussion est déja ouverte sur la grande question de savoir si Louis XVI. doit être jugé, et que la Convention Nationale est disposée à accueillir favorablement les lumieres et renseignemens qui lui seront donnés sur une affaire aussi grave ; je me flatte qu'elle sera satisfaite de ceux que j'ai l'honneur de lui adresser, par ce que j'ai la conviction profonde qu'elle ne cherche que la vérité, qu'elle ne veut que la justice ; cette conviction seule suffit pour calmer les inquietudes des bons citoyens et pour soutenir les espérances de ceux qui ayant été a portée de voir de plus près la conduite de Louis XVI et de con-

A

noitre fes vertus, ne peuvent pas s'empêcher de
prendre un grand intéret à fes malheurs.

Voici les faits dont j'attefte la vérité et dont je
puis rapporter ou indiquer les preuves.

Faveur et Secours prétendus accordés aux Emigrés.

On a publié dans tous les journaux, dans tous
les pamphlets, on a répété mille fois à la tribune,
que le Roy avoit conftament approuvé et favo-
risé l'émigration, et cette opinion, à l'appui de la
qu'elle on n'a cité que des faits calomnieufement
fuppofés ou altérés, eft devenue l'opinion générale
du royaume, et le principal motif des adreffes
regicides qui fe renouvellent chaque jour. Il eft
aifé de démontrer par des faits prouvés l'injuftice
extréme de ce reproche.

Vers la fin du mois d'Octobre 1791, un des miniftres ayant inftruit le roy en plein confeil du
bruit généralement répandu que les émigrés ar-
més contre la France, et particulierement les
gardes du corps, étoient payés par la lifte civile—
" C'eft une calomnie infigne (répondit le roy
" fur le ton le plus ferme) j'ai au contraire donnè
" l'ordre le plus exprès à M. de la Porte de ne
" faire payer que ceux qui rapporteront les cer-
" tificats exigés par le décret du mois de juillet
" dernier, et je fuis fûr que cet ordre eft exécuté :
" on má propofé d'en excepter les gardes du
" corps, mais je m'y fuis refufé."

Malgré cet ordre, dont l'exiftence peut être at-
teftée par plufieurs deputés aux quels il a été

communiqué en original et qui d'ailleurs a du fe trouver chès **M.** de Septeuil, on a continué à débiter que les gardes du corps émigrés étoient payés par la lifte civile, et ce fait eft avancé comme conftant page 10 et 11 du rapport fait à l'affemblèe dans la féance du 27 Steptembre dernier : le rapporteur n'a pas fait attention que les feules piéces qu'il citoit à l'appui de fon affertion en démontroient évidemment la fauffeté : la premiere eft un mémoire trouvé dans le fecretaire du Roi, par lequél M. de Poix propofoit de faire payer le corps entier des gardes du corps jufqu'au 1 Janvier 1792; Si le Roi eut approuvé cette propofition il auroit mis fon *bon* au bas du mémoire et l'auroit renvoyé à l'intendant de la lifte civile, ainfi de cela feul que ce mémoire a été trouvé non apoftillé dans le fecretaire du Roi, il en réfulte la preuve la plus complette que le Roi n'y a eu aucun égard. Quant aux ordonnances de payemént, fignées par le Roy, au bas des états généraux des quatre compagnies de fes gardes, il fuffit de rapprocher ces états du régiftre des payemens pour fe convaincre qu'on n'a réellement payé que les gardes du corps qui ont conftaté leur réfidence dans la forme prefcrite par les décrêts, et que s'ils ont tous été compris dans les états ordonnances, c'eft uniquement parce qu'on ignoroit quels étoient ceux qui étoient émigrés et ceux qui ne l'etoient pas. C'eft par cette raifon que dans les mêmes circonftances les miniftres de la guerre, et de la marine ordonnançoient pareillement dans leur département, les états généraux des officiers de chaque corps fans que la loi des certificats de réfidence fut violèe, parceque fon exécution étoit toujours garantie par la vigilance et par la refponfabilité perfonelle des tréforiers, conformément aux difpofitions de ce décret. Il eft d'ailleurs conftaté par une lettre de M. de Poix, rapportée page 16 du 13 éme. recueil des piéces trouvées ches M. de la Porte, que l'execution de ces ordonnances de payement étoit fi fort retardée que le 28 Janvier dernier, il n'y avoit eu rien de payé fur le refte de folde des fix premiers mois 1791.

Si je citois les lettres écrites par le Roi dans les premiers jours d'Octobre 1791, aux officiers de l'armée, et à ceux du corps de la marine, pour engager ceux qui étoient fortis du royaume à y rentrer et pour y retenir ceux qui pouvoient avoir le projet d'émigrer, on me diroit fans doute qu'on ne peut en rien conclurre parceque ces lettres étoient l'ouvrage des miniftres ; mais j'affirme que la minute de celle qui a été écrite aux officiers de la marine eft reftée deux jours entre les mains du Roy qui y a fait plufieurs corrections écrites de fa main, les unes à la marge et les autres en interligne, et que cette minute a dû fe trouver avec plufieurs autres piéces importantes dans un portefeuille rouge dont les commiffaires du comité de furveillance de la commune ont enlevé tous les papiers dans la defcente, auffi violente qu'irréguliére, qu'ils firent ches moi le 15 Août. Je dois préfumer que cette pièce a été fouſtraite puifquil n'en eſt fait aucune mention dans le rapport fait à l'aſſemblée le 6 de ce mois, elle feroit cependant d'autant plus importante à connoitre que ces corrections étant l'ouvrage du Roi feul, on y trouveroit l'expreſſion franche et pure de fes véritables fentimens ; je ne doute pas que la Convention Nationale, ne fente la néceſſité indifpenfable de fe la faire répréfenter.

Le Roi m'avoit expreſſément recommandé d'employer en fon nom tous les moyens de perfuafion et d'autorité pour empêcher l'émigration des officiers de la marine, et fi l'exécution de cet ordre n'eut pas tout le fucces que j'aurois defiré, j'y employai dumoins tout le zéle qui pouvoit dépendre de moi, je ne crains pas d'invoquer fur ce point le témoignage des chefs du bureau des officiers de ce département, je ne puis pas citer beaucoup de preuves écrites, mais je vais en rapporter une d'un affés grand poids pour me difpenfer d'en chercher d'autres.

Un officier fupérieur, du mérite le plus diftingué, ayant été forcé par les outrages les plus violent et les plus multipliés à fe démettre de fon commandement, fe rendit à Paris dans le courant de fevrier dernier avec le projet de fortir du royaume. Après avoir vainement eſſayé de l'en détourner par mes confeils et par mes exhortations, j'en rendis compte au Roy, qui m'autorifa à lui adreſſer un ordre conçu a peu de chofe près dans le même ſtile que les anciennes lettres de cachet, en voici les termes.

" Mons .... Etant informé que vos lumiéres
" et vôtre expérience, vous mettent en état de
" donner des inftruĉtions importantes fur le fer-
" vice de la marine, mon intention eft que vous
" vous teniés à portée de fournir au miniftre de
" ce dèpartement, les renfeignemens qu'il aura
" à vous demander, en conféquence, je vous dé-
" fends de fortir de Paris jufqu'a nouvel ordre,
" fous peine de défobéiffance.

Signé,   LOUIS.

Et plus bas,

    DE BERTRAND.

La minute de cet ordre qui fut adreffé à M. de
Marigni doit fe trouver au bureau des officiers
dans les minutes du mois de fevrier, fi par
hazard elle en avoit été fouftraite, M. de Marigni qui n'eft pas forti de Paris en reprefentera
l'original.

Je dois affirmer ici que parmi les officiers que
j'avois engagés à refter à Paris pour être plus
affuré qu'ils ne fortiroient pas du royaume, il y
en avoit qui étoient hors d'etat de s'y foutenir et
aux quels le Roi a fait remettre, tantôt par M.
de la Porte, tantot par moi, differentes fommes
d'argent, la derniere que j'ai touchée pour cette
deftination étoit de 12000 livres, elle me fut re-
mife par le Roi lui même dans les premiers jours
de Mars, j'indiquerai dans qu'elles mains elle eft
paffée, fi la Convention Nationale defire appro-
fondir ce fait.

Comment eſt il poſſible de concilier les reproches qu'on oſe faire au Roi relativement aux émigrés, avec tous ces faits dont aucun ne peut être conteſté.

Des trahiſons et conſpirations aux quelles on prétend que le Roi a participé.

On ne donnera pas ſans doute cette qualification odieuſe aux meſures toujours foibles, toujours inſuffiſantes priſes pour la ſûreté perſonelle du Roi, et dont il n'a jamais manqué d'arrêter l'effet auſſitot qu'il a vû une partie du peuple accompagner les aſſaſſins reconnus qui vouloient attenter a ſes jours, il croyoit fermement qu'entouré du peuple aucun danger n'etoit a craindre pour lui. On la vû dans la journée du 20 Juin éloigner de ſa perſonne des ſerviteurs fideles prets à verſer juſqu'a la derniere goute de leur ſang pour ſa déffenſe, et aller accompagné de quatre gardes nationaux au devant de la multitude armée qui venoit de forcer les portes de chateau.

Jl n'eſt plus permis de douter aujourdhui qu'il n'y eut une conſpiration formidable formée contre la cour: les députés Louvet et Barbaroux ont avoué, ont atteſté ce fait important à la tribune dans la ſéance du 30 Octobre.—" C'eſt a Charen-
" ton (ont t'ils dit) que fut arrêtée la conſpiration
" contre la cour, qui devoit s'exécuter le 29
" Juillet et qui n'eut lieu que le 10 Août (*Moni-*
" *teur du* 1 *Novembre, page* 1298. *col.* 3.)" le Roi qui en étoit informé, avoit ſans doute pris quelques précautions pour garantir le chateau de

l'attaque à laqu'elle il s'attendoit, mais auſſitôt qu'il fut inſtruit par les membres du directoire du département, que des milliers de citoyens et de gardes nationales étoient réunis aux conſpirateurs qui entouroient le chateau, il ne balança pas à ſe rendre avec ſa famille à l'aſſemblée nationale et à faire donner aux Suiſſes la déffenſe de tirer (*) il eſt conſtant en effet que les portes de la cour royale furent forcées ſans aucune reſiſtance de la part des Suiſſes, dont la premiére décharge n'eut lieu qu'après que cinq de leurs factionnaires eurent été maſſacrés au pied du grand eſcalier, ainſi les

---

* Lorſque le Roi fut décidé à ſe rendre à l'aſſemblée, il dit aux miniſtres et aux autres perſonnes qui l'entouroient, ces paroles mémorables et trop ignorées *Allons, Meſſieurs, il n'y à plus rien à faire ici.* Cétoit certainement donner l'ordre le plus clair et le plus poſitif de ne pas reſter au chateau, puiſqu'il n'y avoit plus rien à faire, et ſi cet ordre eut été tranſmis officielement, comme il auroit du l'étre, aux officiers des Suiſſes, de la garde nationale et autres, ils ſe fuſſent tous retirés, l'entrée du chateau fut reſtée libre, il eut peut être été boulverſé, mais il n'y auroit pas eu un coup de fuſil de tiré. Malheureuſement cet ordre ne fut point tranſmis et ne fut exécuté que par les perſonnes qui l'avoient entendu et qui accompagnérent le Roi à l'Aſſemblée. Il en eſt réſulté d'un coté que les Suiſſes, les gardes nationales et toutes les perſonnes qui s'etoint rendues au chateau pour la déffenſe du Roy, ont cru quil n'avoit penſé qu'à ſa propre ſureté et ſe ſont plaints qu'il les eut ainſi abandonnés, tandis que d'un autre coté, le peuple a cru que le Roi avoit ordonné en partant la réſistance et les décharges qu'il avoit eſſuyées, et de là les ſoupcons et les clameurs contre la prétendue trahiſon du Roi et contre les conſpirations de la cour. Ces détails m'ont été atteſtés par un trop grand nombre de témoins oculaires pour que je puiſſe les révoquer en doute: ils prouvent évidemment que les reproches faits au Roi ne ſont pas mieux fondés d'un coté que de l'autre.

événemens de la journée du 10 Août ne peuvent pas plus que ceux de la journée du 20 Juin, fournir matiere au plus leger foupçon de trahifons ou de confpirations aux qu'elles le Roi ait pris la moindre part, c'eft donc de fa conduite antérieure et fur tout des faits qui lui font perfonels qu'il eft important d'acquerir des preuves, car on ne peut tirer aucune induction des lettres, mémoires, ou projets plus ou moins infenfés qui ont pû lui être adreffés, et qui fe font trouvés, foit au chateau, foit chès M. de la Porte, on fent bien en effet, que fi des écrits coupables pouvoient compromettre les perfonnes aux qu'elles on les adreffe, les mauvais citoyens pourroient fouvent abufer d'un moyen auffi facile et auffi fûr pour perdre les meilleurs patriotes.

A l'egard des nombreux écrits dont l'impreffion a été payée par la lifte civile, et qu'on cite comme autant de preuves de trahifon, il fuffit d'obferver qu'avant l'abolition de la royauté, les écrits anti-républicains étoient d'autant moins réprehenfibles que dans une féance mémorable qui eut lieu au mois de juin dernier, l'affemblée avoit décreté unanimement et par acclamation, que ceux qui propoferoient le gouvernement républicain ou l'etabliffement de deux chambres, feroient voués à l'éxecration publique, les écrivains exagérés des deux partis, s'eloignoient également de l'efprit et des principes de la conftitution, leurs productions incendiaires, prolongroient, entretenoient le mécontentement et l'agitation du peuple. Les inconveniens graves qui pouvoient en réfulter ont dû fixer l'attention du Roy ; obligé par fon ferment de maintenir la conftitution par tous les moyens qui étoient en fon pouvoir, il a pû et dû confidérer comme un de ces moyens, celui d'éclairer le peuple par des écrits fages et conftitutionels qui ferviffent de contre poifon aux pamphlets dangereux d'ont il étoit inondé chaque jour, ce quil y a de certain, c'eft que pendant mon miniftére mes collégues ont, ainfi que moi, regardé comme un devoir de donner ce confeil au Roi et que nous le lui avons donné plufieurs fois. Ainfi il est très poffible que cet ordre ait été donné à l'intendant de la lifte civile ; quant à la maniére dont il a été exécuté, on fent bien que le Roi n'a pas pû en fuivre les détails, d'ailleurs il eft de principe que l'exécution la plus réprehenfible d'un ordre légitime ne peut jamais compromettre celui qui à donné l'ordre, mais feulement celui qui la exécuté ; or il eft évident que l'ordre de faire répandre des écrits fages et conftitutionels étoit un ordre légitime. Le Roi a donc pû le donner et certainement il n'en à pas donné d'autre. Mais voici des faits qui lui font perfonels et d'après lefquels on peut juger de fes véritables fentimens.

PREMIER FAIT.

J'AVOIS montré la répugnance la plus forte, à accepter le miniftére, et je n'avois pas diffimulé que le principal motif de cette répugnance

étoit mon incertitude fur les véritables difpofitions du Roi relativement à la Conftitution. Il
en fut inftruit et lorfque je lui fus prefenté le 3
Octobre, par le miniftre de l'interieur il m'ad-
reffa en fa préfence ces propres paroles.

" Je fais vos inquiétudes, je ne les blâme pas,
" il eft tout fimple que vous defiriés de favoir à
" quoi vous en tenir, j'ai accepté la conftitu-
" tion, je ne dis pas que je la croye bonne dans
" tous fes points, je fuis même convaincu que fi
" l'affemblée ne fe fut pas interdit la faculté de
" recevoir les obfervations que je pourrois avoir à
" faire, Elle auroit adopté les principaux chan-
" gemens que j'aurois eu à propofer, mais nous
" n'en fommes plus là ; La Conftitution eft ac-
" ceptée telle qu'elle eft, Elle a en fa faveur
" l'opinion générale, ainfi on ne peut plus pen-
" fer à des changemens que lorfque l'expérience
" en aura fait fentir la néceffité, car la force ne
" peut rien fur l'opinion, le fuccès de cette ex-
" périence dépend de la fidélité avec laqu'elle
" la conftitution fera exécutée, et mon intention
" eft qu'elle le foit autant et auffi bien qu'il fera
" poffible, voila la ligne que je me fuis tracée
" et dont j'exige que mes miniftres ne s'ecartent
" pas, fi les moyens d'exécution qui font en leur
" pouvoir fe trouvent infuffifans ou qu'ils éprou-
" vent quelques embarras, c'eft à l'affemblée
" qu'ils doivent s'adreffer."

La Reine, à qui je fus prefenté le même jour,
me répeta la même chofe et finit par me dire,

" Voila le plan que le Roi a adopté, je crois que
" c'eft le feul raifonable et j'espére que vous ne
" l'en ferés pas changer."

J'affirme ce fait en mon ame et confcience et
j'appuye cette affirmation par mon ferment que
j'offre de renouveller par devant qui et en telle
forme que l'affemblée jugera apropos de prefcrire.
Au furplus; en rentrant chès moi je néus rien de
plus preffé, que de prendre note de ce que le
Roi venoit de me dire; cette note, dattée du 3 Octobre, étoit dans le même portefeuille rouge, dont
les commiffaires du comité de furveillance de la
commune ont enlevé tous les papiers; fi la Convention Nationale juge apropos d'en prendre
connoiffance, il lui fera aisé de fe la faire re-
préfenter.

SECOND FAIT.

VERS la fin de Décembre dernier, ou dans les
premiers jours de Janvier, un ancien Militaire re-
tiré du fervice vint me confulter à l'hotel de la
marine, fur une propofition qui lui avoit été faite
la veille, d'entrer dans une coalition de gentils-
hommes pour efcorter le Roi qui devoit (lui avoit
on dit) fortir bientôt du royaume. Celui qui lui
avoit fait cette propofition s'etoit préfenté chès
lui fous le titre de maréchal de camp et lui avoit
donné 24 heures pour faire fes réflections; je don-
nai à la perfonne qui me confultoit l'avis de fe
montrer difpofée à entrer dans cette coalition,
pourveu qu'auparavant on lui fit connoitre fon

organifation, fes projets, fes moyens, et les per⸗
fonnes dont elle étoit compofée, je lui recom⸗
mandai expreffément de ne rien oublier de ce
qu'on lui diroit et particulierement de s'affurer
du nom et de la demeure de ce maréchal de
camp; il me promit de ne pas tarder à venir
m'inftruire du réfultat de fa feconde converfation
avec lui. Il revint en effet le lendemain et me
rendit le compte le plus détaillé de ce qui s'étoit
paffé ; j'en pris une note exacte que je lus le foir
même au confeil, le Roi en fut indigné et or⸗
donna au Miniftre de l'Intérieur d'en faire fur le
champ la dénonciation au directoire du départe⸗
ment et de lui recommander de faire toutes les
recherches poffibles pour découvrir ce prétendu
maréchal de camp, de le faire veiller de très près
et de s'affurer de fa perfonne s'il y avoit lieu ;
comme cette lettre fut écrite au même inftant par
M. Cahier de Gerville et envoyée immédiatement
après le confeil, il eft poffible qu'il n'en ait pas
gardé de minute, mais l'original fe trouvera aifé⸗
ment dans le dépôt du directoire du départe⸗
ment. Les recherches ordonnées par le Roi fu⸗
rent faites avec foin, on étoit parvenu à découvrir
le domicile de cet homme, mais il fe cachoit
depuis plufieurs jours de maniére quil n'avoit pas
été poffible de le furprendre, il paroiffoit au furplus
par les notes qu'on s'etoit procurées fur fon compte
à la police, que cet homme étoit non feulement
un mauvais fujet mais une très mauvaife tête.
Quoi quil enfoit, la conduite du Roi dans cette af⸗

faire, prouve au moins, qu'il ne favorifoit pas les coalitions prétendues formées pour fa fûreté.

TROISIEME FAIT.

DANS le mois de Janvier dernier, M. Cahier de Gerville, faifant lecture au confeil d'un projet de proclamation, le Roi l'arrêta à une phrafe où fe trouvoient ces mots, *l'amour de mon peuple,* et lui dit de les corriger par ceux ci, *l'amour du peuple Français ; je ne puis plus* (ajouta t'il, d'une voix émue et les yeux gonflés de larmes,) *je ne puis plus dire* MON PEUPLE, *mais on a beau faire ce fera toujours l'expreffion de mon coeur.* Ce fait intéreffant peut être attefté par les Miniftres qui compofoient alors le confeil, et j'adjure tous ceux qui les y ont précedés, ou fuivis, de déclarer s'ils n'ont pas reconnu dans plufieurs circonftances, qu'un des fentimens les plus dominants chès le Roi étoit l'attachement le plus profond, le plus tendre, et le plus touchant pour le peuple Français. On n'a pas oublié que le jour même de fon arrivée de Varennes, l'un des premiers officiers de fa maifon lui témoignant fes regrets fur le mauvais fuccès de cette démarche et particulierement fur l'augmentation de crédit et de puiffance qui en réfultoit pour l'affemblée ; il fit fur le champ cette réponfe remarquable, *tant mieux, mille fois tant mieux pourveu qu'elle s'en ferve pour le bonheur du peuple.*

QUATRIEME FAIT.

DANS la féance du 6 de ce mois, la rapporteur Valazé, a fait lecture d'une note trouvée
chès moi fur un nouvel ordre de Chevalerie de
la Reine, et pour donner plus d'importance à
cette piéce qui a excité, avec grande raifon, une
rifée générale dans l'affemblée, il a dit qu'elle
avoit été trouvée dans mon portefeuille. Le
rapporteur Valazé s'eft trompé, et fi l'affemblée
veut bien fe faire reprefenter le procès verbal de
la levée des fcellés qui avoient été mis chès moi,
elle y verra que ce n'eft dans aucun de mes
portefeuilles que cette piéce a éte trouvée, mais
puifqu'il faut le dire, dans le fceau de fayance
que étoit dans ma garderobe ; il eut été difficile
d'en faire ufage fi on ne l'eut pas féparée d'un
billet d'envoi qui étoit dans le même fceau; ce billet daté des premieres jours de Septembre ou d'Octobre 1790 étoit a peuprès concu en ces termes,
'' Je vous envoye la note dont je vous ai parlé
'' avant hier, je vous previens que je la tiens
'' d'une perfonne dont la tête eft exaltée, ainfi
'' vous en croirés ce que vous voudrés.'' Le lieu
où elle à été trouvée, preuve que j'en avois porté
le même jugement que la Convention Nationale.

Les membres du comité de furveillance de la
commune qui firent l'examen de tous les papiers contenus dans ce fceau et qui y employ-
erent près de neuf heures, fuivant le rapport de
la perfonne qui y affiftoit pour moi, y trouvérent

auffi une lifte du comité Autrichien compofée d'environ trente noms tous fabriqués, et ils s'empreſſerent de faifir cette piéce qu'ils regardérent d'abord comme une découverte très importante, heureufement la clef de ces noms fe trouvoit écrite en feconde colonne fur la même page, et on y lifoit ceux de MM. Syées, Condorcet, Briſſot, Robefpierre, &c. &c. mais fi la clef eut été écrite fur une feuille différente et qu'on eut pû la féparer de la lifte auffi aifément qu'on a féparé la note fur l'ordre de Chevalerie de la Reine, du billet d'envoi, on auroit pû alors employer cette lifte comme une grande preuve de l'exiftence du comité Autrichien.

Tels font les faits que j'ai crû devoir faire connoitre à l'affemblée et dont l'exactitude fera conftatée par les preuves que je cite, et qu'elle pourra faire vérifier, ou par les temoins que j'indique et qui pourront être entendus. J'en aurois eu un bien plus grand nombre à prefenter fi les cataftrophes du mois de Septembre n'avoient pas mis en fuite ou fait périr les perfonnes qui auroient pu en attefter la vérité, ou en rapporter des preuves ecrites.

(Signé) BERTRAND.